Die Erfindung
der Flaschenpost

Horizont, Energie und Bereitschaft

Eine Betrachtung

von

Lutz Spilker

DIE ERFINDUNG DER FLASCHENPOST – HORIZONT, ENERGIE UND BEREITSCHAFT

Bibliografische Information der Deutschen Nationalbibliothek:
Die Deutsche Nationalbibliothek verzeichnet diese Publikation in der Deutschen Nationalbiblio-
grafie; detaillierte bibliografische Daten sind im Internet über http://dnb.dnb.de abrufbar.

Softcover ISBN: 978-3-384-14381-5
Ebook ISBN: 978-3-384-14382-2

Druck und Distribution im Auftrag des Autors:
tredition GmbH, An der Strusbek 10, 22926 Ahrensburg, Germany

Inhalt

Das Schicksal mischt die Karten, wir spielen.

Albert Einstein

Albert Einstein (* 14. März 1879 in Ulm; † 18. April 1955 in Princeton, New Jersey) war ein schweizerisch-US-amerikanischer theoretischer Physiker deutscher Herkunft.

Vorwort

Die Entfaltung des menschlichen Geistes ist von einer unendlichen Neugier und dem Bestreben nach Wissen geprägt. Unser Streben nach Verständnis erstreckt sich über die Jahrhunderte und manifestiert sich in den unterschiedlichsten Formen.

Das vorliegende Buch mit dem Titel ›Die Erfindung der Flaschenpost‹ lädt die Leserschaft zu einer faszinierenden Reise durch die Tiefen des menschlichen Bewusstseins ein, indem es sich einer scheinbar einfachen, aber dennoch vielschichtigen Idee widmet.

Der Begriff ›Flaschenpost‹ mag auf den ersten Blick trivial erscheinen, doch in ihm verbirgt sich eine Symbolik, die weit über den physischen Akt des Nachrichtenversands auf dem Meer hinausgeht.

Diese Erfindung, die oft mit der Sehnsucht nach Verbindung, Kommunikation und dem Wunsch nach Verständnis assoziiert wird, wird in diesem Buch zu einem zentralen Ankerpunkt für die Betrachtung der menschlichen Kreativität und ihres Ausdrucks.

In den kommenden Kapiteln werden wir uns auf eine Expedition begeben, die nicht nur die Geschichte und Entwicklung der Flaschenpost erforscht, sondern auch tief in die Facetten des menschlichen Geistes vordringt. Wir werden die kulturellen, psychologischen und soziologischen Aspekte dieser scheinbar einfachen Praxis beleuchten und dabei einen umfassenden Blick auf die Vielschichtigkeit der menschlichen Natur werfen.

Unsere Reise beginnt mit den Ursprüngen der Flaschenpost, ihrer historischen Bedeutung und ihrer Rolle in verschiedenen Kulturen. Wir werden uns fragen, warum Menschen dazu neigen, ihre Gedanken und Botschaften in die Weiten des Ozeans zu senden und welche tiefgreifenden Bedürfnisse dies offenbart.

Dabei werden wir nicht nur auf die Techniken der Nachrichtenübermittlung eingehen, sondern auch auf die philosophischen Konzepte, die sich hinter diesem einfachen, doch symbolträchtigen Akt verbergen.

Darüber hinaus werden wir uns mit den modernen Interpretationen und Transformationen der Flaschenpost auseinandersetzen. In einer Welt, die von digitaler Vernetzung und globaler Kommunikation geprägt ist, stellt sich die Frage, welche Rolle die Flaschenpost im 21. Jahrhundert spielt und welchen Platz sie im Repertoire menschlicher Ausdrucksformen einnimmt.

Dieses Buch ist nicht nur eine Reise durch die Geschichte und Bedeutung der Flaschenpost, sondern auch eine Reflexion über die tieferen Schichten des menschlichen Bewusstseins. Es lädt dazu ein, über die Oberfläche hinauszublicken und die subtilen Verbindungen zwischen unserer kreativen Natur und der Art und Weise, wie wir die Welt verstehen, zu erkennen.

Möge der Leser sich auf diese Entdeckungsreise einlassen und dabei die faszinierende Erfindung der Flaschenpost in einem neuen Licht betrachten.

Die Faszination der Kommunikation

In der heutigen Welt, in der wir von einer Fülle moderner Kommunikationstechnologien umgeben sind, mag es schwer zu glauben sein, dass die einfache Praxis der Flaschenpost einst eine der aufregendsten und faszinierendsten Formen der Kommunikation war.

Doch um die Bedeutung und den Reiz der Flaschenpost zu verstehen, müssen wir uns zunächst mit der grundlegenden menschlichen Faszination für die Kommunikation selbst befassen.

Die menschliche Sehnsucht nach Verbindung

Menschliche Wesen sind von Natur aus soziale Kreaturen. Seit Anbeginn der Zeit haben wir uns bemüht, miteinander in Verbindung zu treten, um Informationen auszutauschen, Emotionen zu teilen und Beziehungen aufzubauen. Die Fähigkeit zur Kommunikation ist eine der grundlegendsten und bedeutendsten Eigenschaften, die uns als Spezies auszeichnet. Sie ermöglicht es uns, Ideen zu verbreiten, Wissen zu erlangen und unsere Gedanken und Gefühle auszudrücken.

Die Evolution der Kommunikation

Die Geschichte der menschlichen Kommunikation ist eine faszinierende Reise durch die Zeit, die von einfachen Gesten und Lauten bis hin zu komplexen Sprachen und Technologien reicht. In prähistorischen Gesellschaften mag die Kommunikation auf einfache Zeichen, Rufe und körperliche Ausdrucksformen beschränkt gewesen sein, doch mit der Entwicklung von Schrift, Sprache und später elektronischen Medien hat sich die Art und Weise, wie wir miteinander kommunizieren, dramatisch verändert.

Von Höhlenmalereien zur Flaschenpost:

Eine Reise durch die Geschichte

Die Geschichte der Kommunikation ist reich an Innovationen und Errungenschaften. Von den Höhlenmalereien der Steinzeitmenschen über die Erfindung des Papiers und der Druckerpresse bis hin zur Entwicklung des Internets und der sozialen Medien - jedes Kapitel in der Geschichte der Menschheit ist geprägt von neuen Möglichkeiten und Methoden, Informationen zu teilen und Verbindungen zu knüpfen.

Die besondere Magie der Flaschenpost

In dieser reichen Geschichte der Kommunikation nimmt die Flaschenpost einen ganz besonderen Platz ein. Als eine der ältesten Formen der Fernkommunikation hat sie die Menschheit seit Jahrhunderten fasziniert und inspiriert. Ihre Einfachheit, Unvorhersehbarkeit und das romantische Element des Zufalls machen sie zu einer einzigartigen und unvergesslichen Art, Botschaften zu übermitteln und Verbindungen über große Entfernungen hinweg zu schaffen.

In diesem Kapitel haben wir uns auf eine faszinierende Reise durch die Geschichte der Kommunikation begeben, und zwar von den frühesten Höhlenmalereien bis zur Erfindung der Flaschenpost. Dabei wurden die verschiedenen Formen und Techniken der Kommunikation vorgestellt, die die Menschheit im Laufe der Jahrhunderte entwickelt hat. Auch lernten wir die einzigartige Bedeutung und Faszination der Flaschenpost in diesem reichen Kontext kennen und verstehen.

Ursprünge:

Die ersten schriftlichen Botschaften

Die Menschheit hat schon immer Wege gefunden, miteinander zu kommunizieren und Informationen auszutauschen. Doch bevor es Schrift gab, mussten sich die Menschen auf mündliche Überlieferungen und visuelle Darstellungen verlassen, um ihre Botschaften zu verbreiten.

Die Entstehung der schriftlichen Kommunikation markierte einen Wendepunkt in der Geschichte der Menschheit und ebnete den Weg für neue Formen der Nachrichtenübermittlung.

Die Geburt der Schrift

Die Geschichte der schriftlichen Kommunikation lässt sich bis zu den frühesten Zivilisationen zurückverfolgen. In Mesopotamien entwickelten die Sumerer um 3500 v. Chr. die erste bekannte Schrift, die Keilschrift, um Handelsgeschäfte zu dokumentieren und Verträge festzuhalten. Diese frühen Schriftsysteme bestanden aus komplexen Zeichen und Symbolen, die auf Tontafeln oder anderen Materialien eingraviert wurden.

Piktogramme und Hieroglyphen

Ähnlich wie die Sumerer entwickelten auch andere antike Kulturen wie die Ägypter, die Maya und die chinesischen Han-

Dynastien ihre eigenen Schriftsysteme. Diese frühen Schriften verwendeten häufig Piktogramme und Hieroglyphen, um Wörter und Konzepte darzustellen. Diese Symbole waren oft eng mit der Kultur und dem Glauben der jeweiligen Gesellschaft verbunden und dienten sowohl der praktischen Kommunikation als auch rituellen oder religiösen Zwecken.

Die Verbreitung von Schrift

Mit der Zeit begannen sich schriftliche Kommunikationssysteme über die ganze Welt zu verbreiten. Handelskontakte, Eroberungen und kultureller Austausch trugen dazu bei, dass sich Schriftsysteme von einer Kultur zur nächsten ausbreiteten und weiterentwickelten. Die Erfindung des Papiers in China im 2. Jahrhundert v. Chr. erleichterte die Verbreitung von Schrift und Wissen enorm und trug zur Entstehung neuer Schriftsysteme und Literatur bei.

Die Bedeutung schriftlicher Kommunikation

Die Entwicklung der schriftlichen Kommunikation hatte tiefgreifende Auswirkungen auf die menschliche Gesellschaft. Sie ermöglichte es den Menschen, Wissen und Informationen über Generationen hinweg zu bewahren, komplexe Ideen und Konzepte festzuhalten und weitreichende Handels- und kulturelle Beziehungen zu pflegen. Schriftliche Botschaften waren nicht länger auf den Moment der Aussprache beschränkt, sondern konnten für die Ewigkeit festgehalten und über weite Entfernungen hinweg übermittelt werden.

In diesem Kapitel haben wir einen Blick auf die Anfänge der schriftlichen Kommunikation geworfen und die Bedeutung dieser frühen Formen von Nachrichtenübermittlung für die Entwicklung der Menschheit untersucht. In den folgenden Kapiteln werden wir uns mit der faszinierenden Geschichte der Flaschenpost befassen und ihre Rolle als eine der ältesten und romantischsten Formen der Fernkommunikation weiter erforschen.

Die Antike:

Papyrus und Tontafeln

In den Weiten der antiken Welt, lange bevor die modernen Formen der Kommunikation entstanden, vertrauten die Menschen auf traditionelle Methoden, um Nachrichten zu übermitteln und Informationen festzuhalten.

Zu den wichtigsten Werkzeugen gehörten Papyrus und Tontafeln, die in verschiedenen antiken Kulturen eine zentrale Rolle spielten.

Papyrus:

Das Schreibmaterial des alten Ägypten

Im alten Ägypten war Papyrus das wichtigste Schreibmaterial. Papyrus ist eine Pflanze, die entlang des Nils wächst und zu dünnen, flexiblen Blättern verarbeitet werden kann. Diese Blätter wurden miteinander verklebt, um lange Rollen herzustellen, auf denen Schriftzeichen mit Tinte oder Tinte aus Ruß und Gummi arabicum angebracht wurden.

Die Verwendung von Papyrus ermöglichte den Ägyptern, eine Fülle von Texten und Dokumenten festzuhalten, darunter religiöse Texte, literarische Werke, historische Aufzeichnungen und Verwaltungsdokumente. Diese Schriftrollen waren oft kunstvoll verziert und dienten nicht nur der reinen Kommunikation, sondern auch als Ausdruck von Macht, Prestige und kultureller Identität.

Tontafeln:

Die Schriftträger des antiken Mesopotamiens

Währenddessen verwendeten die antiken Zivilisationen in Mesopotamien, darunter die Sumerer, Babylonier und Assyrer, Tontafeln als Hauptmedium für die schriftliche Kommunikation. Tontafeln wurden aus Ton geformt und anschließend mit einer Schreibtafel beschichtet, auf der Zeichen mit einem Stilus eingeritzt wurden.

Diese Tontafeln wurden für eine Vielzahl von Zwecken genutzt, von administrativen Aufzeichnungen und Rechnungen bis hin zu literarischen Texten und religiösen Inschriften. Die Tontafeln waren oft langlebig und konnten bei Bedarf wiederverwendet werden, indem man einfach die alte Inschrift abschabte und eine neue darauf schrieb.

Die Bedeutung von Papyrus und Tontafeln

Papyrus und Tontafeln spielten eine entscheidende Rolle in der Entwicklung der antiken Zivilisationen, indem sie es den Menschen ermöglichten, Wissen und Informationen festzuhalten, zu verbreiten und zu bewahren. Diese Schreibmaterialien waren nicht nur Werkzeuge der Kommunikation, sondern auch

Symbole für die kulturelle und intellektuelle Blüte ihrer jeweiligen Gesellschaften.

Die Verwendung von Papyrus und Tontafeln war jedoch auch mit Herausforderungen verbunden, darunter die begrenzte Verfügbarkeit von Papyruspflanzen und die zerbrechliche Natur von Tontafeln. Dennoch hinterließen diese antiken Schreibmaterialien einen unauslöschlichen Eindruck in der Geschichte der Menschheit und legten den Grundstein für die Entstehung moderner Formen der Kommunikation.

In diesem Kapitel haben wir einen Einblick in die Bedeutung von Papyrus und Tontafeln in der antiken Welt gewonnen und die Rolle dieser traditionellen Schreibmaterialien bei der Übermittlung von Nachrichten und Informationen erkundet. In den folgenden Kapiteln werden wir uns mit der spannenden Geschichte der Flaschenpost beschäftigen und ihre Rolle als eine der ältesten und romantischsten Formen der Fernkommunikation weiter erforschen.

Mittelalter:

Boten und Taubenschläge

In den düsteren Jahrhunderten des Mittelalters war die Übermittlung von Nachrichten eine Herausforderung. Mit der Verbreitung von Städten, Handelsrouten und politischen Systemen wuchs jedoch die Notwendigkeit effizienter Kommunikationswege.

In diesem Kapitel werfen wir einen Blick auf die Entwicklung von Boten- und Kurierdiensten sowie die faszinierende Verwendung von Tauben als Nachrichtenträger.

Boten und Kurierdienste im Mittelalter

Im Mittelalter spielten Boten und Kurierdienste eine entscheidende Rolle bei der Übermittlung von Nachrichten über weite Entfernungen. Die Boten waren oft gut trainierte Reiter oder Läufer, die es sich zur Aufgabe gemacht hatten, wichtige Nachrichten schnell und zuverlässig zu transportieren. Sie arbeiteten oft im Dienst von Herrschern, Adligen oder Handelsorganisationen und waren mit der gefährlichen Aufgabe betraut, Nachrichten durch feindliches Gebiet oder raue Landschaften zu bringen.

Die Entwicklung von Kurierdiensten ermöglichte es, Nachrichten schneller und zuverlässiger zu übermitteln und trug zur Verbreitung von Informationen über weite Gebiete bei. Die Gründung von Poststationen entlang wichtiger Handelsrouten und Reiserouten erleichterte die Kommunikation zwischen verschiedenen Städten und Regionen und förderte den Austausch von Waren und Ideen.

Die faszinierende Verwendung von Tauben als Nachrichtenträger

Eine der ungewöhnlichsten Methoden der Nachrichtenübermittlung im Mittelalter war die Verwendung von Tauben als Nachrichtenträger. Tauben wurden für ihre Fähigkeit geschätzt, über große Entfernungen hinweg zu fliegen und sicher zu ihrem Heimatschlag zurückzukehren. Diese Fähigkeit wurde von Menschen genutzt, um Nachrichten zu transportieren, indem man die Tauben an entfernten Orten freiließ und sie mit kleinen Nachrichten oder Kapseln am Bein zurück zu ihrem Taubenschlag schickte.

Die Verwendung von Tauben als Nachrichtenträger war besonders in belagerten Städten oder während Kriegen und Konflikten verbreitet, wenn andere Kommunikationswege blockiert waren. Taubenschläge wurden oft strategisch in wichtigen Städten und Festungen errichtet und dienten als wichtige Knotenpunkte im Netzwerk der Nachrichtenübermittlung.

Die Bedeutung von Boten und Taubenschlägen im Mittelalter

Boten und Taubenschläge spielten eine entscheidende Rolle bei der Übermittlung von Nachrichten und Informationen im Mittelalter. Sie ermöglichten es den Menschen, wichtige Nachrichten schnell und zuverlässig zu transportieren und trugen zur Verbreitung von Wissen, Handel und politischer Macht bei. Die Verwendung von Tauben als Nachrichtenträger war ein faszinierendes Beispiel für die Kreativität und Einfallsreichtum der Menschen in einer Zeit, als die Kommunikation oft lebenswichtig war.

In diesem Kapitel haben wir einen Einblick in die Entwicklung von Boten- und Kurierdiensten sowie die faszinierende Verwendung von Tauben als Nachrichtenträger im Mittelalter gewonnen. In den folgenden Kapiteln werden wir uns mit der Geschichte der Flaschenpost befassen und ihre Rolle als eine der ältesten und romantischsten Formen der Fernkommunikation weiter erforschen.

Die Renaissance:

Druck und Verbreitung von Informationen

Die Renaissance war eine Zeit des Aufbruchs, der Erneuerung und des Wandels in Europa. Eine der bedeutendsten Entwicklungen dieser Epoche war die Erfindung der Druckerpresse durch Johannes Gutenberg (um 1400 - 1468) im 15. Jahrhundert.

Diese bahnbrechende Technologie hatte weitreichende Auswirkungen auf die Massenkommunikation und trug dazu bei, das Wissen und die Ideen der Renaissance weit über die Grenzen Europas hinaus zu verbreiten.

Die Erfindung der Druckerpresse

Die Druckerpresse revolutionierte die Art und Weise, wie Informationen produziert und verbreitet wurden. Zuvor mussten Bücher und Schriften mühsam von Hand abgeschrieben werden, was eine langwierige und kostspielige Arbeit war. Mit der Druckerpresse konnte Gutenberg jedoch große Mengen von Texten in kurzer Zeit reproduzieren, indem er bewegliche Metalllettern verwendete, die in einer Druckpresse zusammengefügt wurden.

Diese neue Technologie machte Bücher und Schriften erschwinglicher und zugänglicher für ein breiteres Publikum. Wissen, das zuvor nur einer kleinen Elite von Gelehrten und Klerikern zugänglich war, wurde nun für eine wachsende Zahl von Menschen verfügbar. Dies trug dazu bei, das Bildungsniveau zu erhöhen, die Verbreitung neuer Ideen zu fördern und den Beginn einer neuen Ära des Denkens und der Erkundung einzuleiten.

Veränderungen in der Massenkommunikation

Die Druckerpresse hatte auch weitreichende Auswirkungen auf die Massenkommunikation. Zeitungen, Flugblätter und andere gedruckte Materialien konnten nun in großen Mengen produziert und verteilt werden, was es den Menschen ermöglichte, sich über Ereignisse und Entwicklungen in ihrer Region und auf der ganzen Welt zu informieren.

Darüber hinaus trug die Verbreitung gedruckter Materialien dazu bei, die Entstehung einer breiten Öffentlichkeit zu fördern und den Austausch von Ideen und Meinungen zu erleichtern. Menschen konnten nun ihre Gedanken und Ideen in gedruckter Form verbreiten, was zu einem intensiven intellektuellen und kulturellen Austausch führte und die Entwicklung der europäischen Kultur und Gesellschaft nachhaltig prägte.

Die Renaissance als Zeitalter der Information

Die Renaissance war nicht nur eine Epoche der künstlerischen und intellektuellen Erneuerung, sondern auch ein Zeitalter der Information. Die Erfindung der Druckerpresse spielte eine entscheidende Rolle bei der Verbreitung von Wissen und Ideen und trug dazu bei, die Grundlagen für das moderne Zeitalter der Massenkommunikation zu legen. Durch die Druckerpresse wurde die Welt zu einem Ort, an dem Informationen schnell und effizient verbreitet werden konnten, was den Beginn einer neuen Ära des Wissens und der Entdeckung markierte.

In diesem Kapitel haben wir einen Einblick in die Auswirkungen der Druckerpresse auf die Massenkommunikation während der Renaissance gewonnen. In den folgenden Kapiteln werden wir uns mit der faszinierenden Geschichte der Flaschenpost befassen und ihre Rolle als eine der ältesten und romantischsten Formen der Fernkommunikation weiter erforschen.

Das 18. Jahrhundert:
Die Geburt der Flaschenpost

Das 18. Jahrhundert markiert einen Wendepunkt in der Geschichte der Flaschenpost, als diese einfache, aber faszinierende Form der Kommunikation zunehmend populär wurde.

In diesem Kapitel werfen wir einen Blick auf die ersten dokumentierten Fälle von Flaschenpost und untersuchen die Motivationen hinter dieser ungewöhnlichen Art der Nachrichtenübermittlung.

Die ersten dokumentierten Fälle von Flaschenpost

Obwohl es möglicherweise frühere Fälle von Flaschenpost gab, sind die ersten dokumentierten Fälle dieser Form der Kommunikation aus dem 18. Jahrhundert bekannt. Einer der bekanntesten Fälle ereignete sich im Jahr 1775, als der britische Naturforscher und Entdecker George Morrow eine Flaschenpost ins Meer warf, um Informationen über die Strömungen des Atlantischen Ozeans zu sammeln. Die Flaschenpost wurde später in Dänemark gefunden und ist heute im Naturhistorischen Museum in Kopenhagen ausgestellt.

Ein weiterer bemerkenswerter Fall ereignete sich im Jahr 1784, als die britische Marine während einer wissenschaftlichen

Expedition Flaschen mit Nachrichten über die Position des Schiffes ins Meer warf. Eine dieser Flaschen wurde mehr als 150 Jahre später an einem Strand in Schottland gefunden und gilt als einer der ältesten dokumentierten Fälle von Flaschenpost.

Motivationen hinter der Flaschenpost

Die Gründe, warum Menschen Flaschenpost verwenden, sind vielfältig und reichen von wissenschaftlichen Experimenten bis hin zu romantischen Gesten. Einige Menschen nutzen Flaschenpost, um Informationen über Meeresströmungen und Gezeiten zu sammeln, während andere sie als Mittel zur Suche nach Hilfe in Notfällen verwenden. In einigen Fällen dient die Flaschenpost auch als künstlerisches Statement oder als romantische Geste, um Verbindungen über große Entfernungen hinweg aufrechtzuerhalten.

Die Motivationen hinter der Flaschenpost spiegeln oft die menschliche Sehnsucht nach Verbindung und Kommunikation wider. In einer Welt, in der moderne Technologien oft die Art und Weise, wie wir miteinander kommunizieren, bestimmen, bietet die Flaschenpost eine Möglichkeit, diese Technologien zu umgehen und eine tiefe, persönliche Verbindung herzustellen.

Die Bedeutung des 18. Jahrhunderts für die Flaschenpost

Das 18. Jahrhundert markiert den Beginn einer neuen Ära für die Flaschenpost, als diese einfache, aber faszinierende Form der Kommunikation zunehmend populär wurde. Die ersten dokumentierten Fälle von Flaschenpost aus dieser Zeit haben dazu beigetragen, die Aufmerksamkeit der Öffentlichkeit auf diese ungewöhnliche Art der Nachrichtenübermittlung zu lenken und ihr eine gewisse romantische und abenteuerliche Aura zu verleihen.

In diesem Kapitel haben wir einen Einblick in die Geburt der Flaschenpost im 18. Jahrhundert gewonnen und die verschiedenen Motivationen hinter dieser ungewöhnlichen Form der Kommunikation untersucht. In den folgenden Kapiteln werden wir uns mit der weiteren Entwicklung und Bedeutung der Flaschenpost in der modernen Welt befassen.

Expeditionen und Entdeckungen:
Flaschenpost auf hoher See

Die Verbindung zwischen Entdeckungsreisen und Flaschenpost ist tiefgreifend und faszinierend. In diesem Kapitel werden wir uns mit den aufregenden Expeditionen und Entdeckungen befassen, die eng mit der Geschichte der Flaschenpost verbunden sind, sowie mit einigen berühmten Fällen von gefundenen Flaschenposten, die die Fantasie der Menschen auf der ganzen Welt beflügelt haben.

Entdeckungsreisen und ihre Verbindung zur Flaschenpost
Während Entdeckungsreisen in der Vergangenheit dazu dienten, neue Länder zu erkunden, Handelsrouten zu finden und geografische Grenzen zu erweitern, spielte die Flaschenpost oft eine unerwartete Rolle in diesen epischen Abenteuern. Entdecker und Seeleute warfen häufig Flaschen mit Nachrichten ins Meer, um ihre Position zu markieren, Hilfe zu suchen oder wissenschaftliche Experimente durchzuführen.

Ein berühmtes Beispiel dafür ist die Expedition von James Cook, einem britischen Entdecker, der im 18. Jahrhundert drei große Seereisen unternahm. Während seiner Reisen warf Cook regelmäßig Flaschenposten ins Meer, um Informationen über die Strömungen und Gezeiten des Ozeans zu sammeln. Diese

Nachrichten halfen ihm, genaue Karten zu erstellen und die Geografie und Hydrologie der Ozeane besser zu verstehen.

Berühmte Fälle von gefundenen Flaschenposten

Im Laufe der Geschichte wurden viele berühmte Fälle von gefundenen Flaschenposten dokumentiert, die oft faszinierende Geschichten erzählen und die Vorstellungskraft der Menschen beflügeln. Einer der bemerkenswertesten Fälle ereignete sich im Jahr 1839, als die französische Marine eine Flasche ins Meer warf, die erst 2015 in Australien gefunden wurde. Diese Flaschenpost gilt als eine der ältesten bekannten und dokumentierten Fälle von Flaschenpost.

Ein weiteres bekanntes Beispiel ist die Geschichte von Hugh Craggs, einem britischen Matrosen, der im Zweiten Weltkrieg eine Flaschenpost ins Meer warf, um seine Position zu markieren, nachdem sein Schiff versenkt worden war. Die Flasche wurde Jahre später in Schweden gefunden und führte dazu, dass Craggs' Familie über sein Schicksal informiert wurde.

Die Faszination von Expeditionen und Flaschenpost

Die Verbindung zwischen Entdeckungsreisen und Flaschenpost ist ein faszinierendes Kapitel in der Geschichte der menschlichen Entdeckung und Erforschung. Die Vorstellung von Flaschen mit Nachrichten, die über die Ozeane treiben und von Abenteurern und Entdeckern gefunden werden, fasziniert und inspiriert die Menschen bis heute. Diese Geschichten sind nicht nur Zeugnisse der menschlichen Neugier und Entdeckungslust, sondern auch Symbole für die unendlichen Weiten und Geheimnisse der Meere.

In diesem Kapitel haben wir einen Einblick in die aufregenden Expeditionen und Entdeckungen gewonnen, die eng mit der Geschichte der Flaschenpost verbunden sind, sowie einige berühmte Fälle von gefundenen Flaschenposten erkundet. In den folgenden Kapiteln werden wir uns mit weiteren Aspekten der Flaschenpost befassen und ihre Rolle als eine der ältesten und romantischsten Formen der Fernkommunikation weiter erforschen.

Das 19. Jahrhundert:

Romantik und Flaschenpost als Kunstform

Das 19. Jahrhundert war eine Zeit der Romantik und des Aufbruchs, in der die Vorstellung von Abenteuer und Sehnsucht
nach Freiheit und Entdeckung eine zentrale Rolle spielte.

In diesem Kapitel werden wir uns mit der romantischen Vorstellung von Flaschenpost befassen und die künstlerischen
Darstellungen in Literatur und Kunst erkunden, die diese faszinierende Form der Kommunikation zum Thema haben.

Die romantische Vorstellung von Flaschenpost

Für viele Menschen im 19. Jahrhundert verkörperte die Flaschenpost die romantische Vorstellung von Abenteuer, Sehnsucht und Verbindung über große Entfernungen hinweg. Die
Idee, eine Nachricht in eine Flasche zu stecken und sie ins
Meer zu werfen, um sie auf eine ungewisse Reise zu schicken,
sprach die Fantasie vieler an und inspirierte zahlreiche literarische Werke und künstlerische Darstellungen.

Die Flaschenpost wurde oft als Symbol der Einsamkeit und
des Verlangens nach menschlicher Verbindung verwendet. In
der Literatur und Kunst des 19. Jahrhunderts wurden Szenen
von gestrandeten Seemännern, einsamen Liebenden und aben-

teuerlustigen Entdeckern, die Nachrichten in Flaschen warfen, häufig dargestellt und romantisiert.

Künstlerische Darstellungen in Literatur und Kunst

Die romantische Vorstellung von Flaschenpost fand ihren Ausdruck in zahlreichen literarischen Werken und Kunstwerken des 19. Jahrhunderts. Eines der bekanntesten Beispiele ist vielleicht Edgar Allan Poes Gedicht ›Annabel Lee‹, das die Geschichte einer tragischen Liebe erzählt, die durch eine Flaschenpost über den Ozean hinweg aufrechterhalten wird.

Auch in der bildenden Kunst wurde die Flaschenpost oft als Motiv verwendet, um die Themen Sehnsucht, Einsamkeit und Abenteuerlust zu veranschaulichen. Gemälde und Illustrationen von gestrandeten Seemännern, verlorenen Liebesbriefen und geheimnisvollen Flaschen, die an einsamen Stränden gefunden werden, waren beliebte Motive unter den Künstlern dieser Zeit.

Die Flaschenpost als Metapher für die menschliche Sehnsucht

Die romantische Vorstellung von Flaschenpost im 19. Jahrhundert geht über die bloße praktische Funktion der Nachrichtenübermittlung hinaus und wird zur Metapher für die menschliche Sehnsucht nach Verbindung, Abenteuer und Entdeckung. Die Idee, eine Nachricht in eine Flasche zu stecken und sie auf eine ungewisse Reise zu schicken, spricht tiefgreifende emotionale und existenzielle Themen an und hat bis heute einen festen Platz in der kulturellen Vorstellungskraft.

In diesem Kapitel haben wir uns mit der romantischen Vorstellung von Flaschenpost im 19. Jahrhundert beschäftigt und die künstlerischen Darstellungen in Literatur und Kunst erkundet, die diese faszinierende Form der Kommunikation zum Thema haben.

In den folgenden Kapiteln werden wir uns mit weiteren Aspekten der Flaschenpost befassen und ihre Rolle als eine der ältesten und romantischsten Formen der Fernkommunikation weiter erforschen.

Wissenschaftliche Perspektiven: Flaschenpost in der Forschung

Die Flaschenpost, oft als romantische Geste oder abenteuerliche Handlung betrachtet, hat auch die Aufmerksamkeit von Wissenschaftlern und Forschern auf der ganzen Welt auf sich gezogen.

In diesem Kapitel werden wir uns mit den Studien und Experimenten zur Flaschenpost befassen und die wissenschaftlichen Erkenntnisse über Ozeanströmungen untersuchen, die durch diese ungewöhnliche Form der Nachrichtenübermittlung gewonnen wurden.

Studien unc Experimente zur Flaschenpost

Seit Jahrhurderten haben Wissenschaftler und Forscher Flaschenposten verwendet, um Informationen über Ozeanströmungen und Meeresgeografie zu sammeln. Diese Studien und Experimente umfassen eine Vielzahl von Methoden, darunter das Aussetzer von Flaschen mit Nachrichten in verschiedenen Teilen der Weltmeere, das Anbringen von Tracking-Geräten an Flaschenposten und das Sammeln von Daten über ihre Bewegungen und Entdeckungen.

Einige der frühesten wissenschaftlichen Experimente zur Flaschenpost wurden im 19. Jahrhundert durchgeführt, als Entdecker und Wissenschaftler begannen, Flaschen mit Nachrichten ins Meer zu werfen, um Informationen über die Strömungen und Gezeiten des Ozeans zu sammeln. Diese Experimente trugen dazu bei, das Verständnis der Ozeanografie und Hydrologie zu verbessern und legten den Grundstein für weitere wissenschaftliche Untersuchungen.

Wissenschaftliche Erkenntnisse über Ozeanströmungen

Die Studien zur Flaschenpost haben wichtige Erkenntnisse über Ozeanströmungen und Meeresgeografie geliefert, die für verschiedene wissenschaftliche Disziplinen von Bedeutung sind. Durch die Verfolgung der Bewegungen von Flaschenposten konnten Wissenschaftler die Strömungsmuster der Ozeane kartieren, die Ausbreitung von Schadstoffen und Plastikmüll untersuchen und die Wanderungsmuster von Meereslebewesen verfolgen.

Ein bemerkenswertes Beispiel für die wissenschaftliche Bedeutung von Flaschenposten ist das Projekt ›Flaschenpost im Atlantik‹, das von der deutschen Marine im Jahr 1864 ins Leben gerufen wurde. Bei diesem Projekt wurden Flaschen mit Nachrichten im Atlantik ausgesetzt und ihre Bewegungen über mehrere Jahre verfolgt. Die gesammelten Daten lieferten wichtige Erkenntnisse über die Strömungsmuster des Atlantiks und trugen zur Entwicklung der modernen Ozeanografie bei.

Die Flaschenpost als wissenschaftliches Werkzeug

Die Flaschenpost hat sich im Laufe der Geschichte als ein wertvolles wissenschaftliches Werkzeug erwiesen, das es den Forschern ermöglicht, wichtige Informationen über Ozeanströmungen und Meeresgeografie zu sammeln. Durch Studien und Experimente zur Flaschenpost haben Wissenschaftler wichtige Erkenntnisse gewonnen, die nicht nur unser Verständnis der Ozeane verbessert haben, sondern auch dazu beigetragen haben, Umweltprobleme wie Meeresverschmutzung und Klimawandel anzugehen.

In diesem Kapitel haben wir uns mit den Studien und Experimenten zur Flaschenpost und den wissenschaftlichen Erkenntnissen über Ozeanströmungen beschäftigt, die durch diese ungewöhnliche Form der Nachrichtenübermittlung gewonnen wurden.

In den folgenden Abschnitten werden wir uns mit weiteren Aspekten der Flaschenpost befassen und ihre Rolle als eine der ältesten und faszinierendsten Formen der Fernkommunikation weiter erforschen.

Das 20. Jahrhundert:

Flaschenpost im Zeitalter der Technologie

Im 20. Jahrhundert erlebte die Welt einen explosionsartigen Anstieg in der Entwicklung von Kommunikationstechnologien. Von der Erfindung des Telefons bis zur Verbreitung des Internets veränderte sich die Art und Weise, wie Menschen miteinander kommunizierten, dramatisch.

In diesem Kapitel werden wir uns mit den Veränderungen in der Kommunikationstechnologie befassen und die Rolle der Flaschenpost in einer modernen Welt untersuchen.

Veränderungen in der Kommunikationstechnologie

Das 20. Jahrhundert war geprägt von bahnbrechenden Entwicklungen in der Kommunikationstechnologie, die die Welt für immer veränderten. Die Erfindung des Telefons durch Alexander Graham Bell im Jahr 1876 revolutionierte die Art und Weise, wie Menschen miteinander sprachen, indem es möglich wurde, über große Entfernungen hinweg in Echtzeit zu kommunizieren.

In den folgenden Jahrzehnten wurden weitere Meilensteine in der Kommunikationstechnologie erreicht, darunter die Entwicklung des Radios, des Fernsehens und schließlich des Internets. Diese Technologien ermöglichten es den Menschen, Informationen und Nachrichten schnell und effizient über weite Entfernungen hinweg auszutauschen und trugen zur Globalisierung und Vernetzung der Welt bei.

Die Rolle der Flaschenpost in einer modernen Welt

In einer Welt, die von Hochgeschwindigkeits-Internetverbindungen und sozialen Medien dominiert wird, mag die Flaschenpost auf den ersten Blick wie eine veraltete und überholte Form der Kommunikation erscheinen. Dennoch hat die Flaschenpost auch im Zeitalter der Technologie eine wichtige Rolle zu spielen.

Für viele Menschen bleibt die Flaschenpost eine romantische und nostalgische Form der Kommunikation, die eine persönliche und authentische Verbindung herstellt. In einer Welt, die oft von anonymen Textnachrichten und E-Mails geprägt ist, kann eine handgeschriebene Nachricht in einer Flasche eine besondere Bedeutung und emotionale Tiefe haben.

Darüber hinaus hat die Flaschenpost auch in wissenschaftlichen und umweltbezogenen Studien weiterhin Relevanz. Forscher nutzen nach wie vor Flaschenposten, um Daten über Ozeanströmungen, Umweltverschmutzung und die Ausbreitung von Meereslebewesen zu sammeln. Diese Studien liefern wichtige Erkenntnisse für den Schutz und die Erhaltung der Meere und tragen zur Bewusstseinsbildung über Umweltfragen bei.

Die Bedeutung der Flaschenpost in einer vernetzten Welt

In einer Welt, die von Technologie und Innovation geprägt ist, bleibt die Flaschenpost eine faszinierende und relevante Form der Kommunikation. Ihre einzigartige Verbindung von Romantik, Abenteuer und Wissenschaft macht sie zu einer zeitlosen und vielseitigen Art der Nachrichtenübermittlung, die auch in einer modernen Welt ihren Platz hat.

In diesem Kapitel haben wir uns mit den Veränderungen in der Kommunikationstechnologie im 20. Jahrhundert und der Rolle der Flaschenpost in einer modernen Welt beschäftigt. Trotz der Fortschritte in der Technologie bleibt die Flaschenpost eine bedeutungsvolle und inspirierende Form der Kommunikation, die die Fantasie der Menschen auf der ganzen Welt weiterhin beflügelt.

Kulturelle Phänomene:

Flaschenpost in Film und Popkultur

Die Flaschenpost ist nicht nur eine praktische Form der Kommunikation, sondern auch ein faszinierendes kulturelles Phänomen, das seinen Weg in Filme, Bücher und Musik gefunden hat.

In diesem Kapitel werden wir uns mit der Repräsentation von Flaschenpost in verschiedenen Medien befassen und ihren Einfluss auf die Popkultur untersuchen.

Repräsentation von Flaschenpost in Filmen, Büchern und Musik

Die Flaschenpost hat sich zu einem beliebten Motiv in Filmen, Büchern und Musik entwickelt, das oft als Symbol für Abenteuer, Sehnsucht und Verbindung verwendet wird. In Filmen wie ›Message in a Bottle‹ (1999) und ›The Beach‹ (2000) spielt die Flaschenpost eine zentrale Rolle in der Handlung und dient als Auslöser für romantische Begegnungen und dramatische Wendungen.

Auch in der Literatur ist die Flaschenpost ein häufig verwendetes Motiv, das in Romanen und Gedichten oft als Metapher für die Suche nach Liebe, Freiheit und Selbstfindung dient.

Werke wie ›Der Vorleser‹ von Bernhard Schlink und ›Die Frau des Leuchtturmwärters‹ von M.L. Stedman erzählen bewegende Geschichten von gestrandeten Flaschenposten und den Menschen, die sie finden.

In der Musik hat die Flaschenpost ebenfalls ihren Platz gefunden, von Songs wie ›Message in a Bottle‹ von The Police bis hin zu ›Flaschenpost‹ von Reinhard Mey. Diese Lieder erzählen von der Sehnsucht nach Verbindung und dem Wunsch, eine Nachricht an einen entfernten Geliebten zu senden, der irgendwo auf den endlosen Wellen des Ozeans treibt.

Einfluss auf die Popkultur

Die Darstellung von Flaschenpost in Filmen, Büchern und Musik hat einen nachhaltigen Einfluss auf die Popkultur gehabt, indem sie romantische Vorstellungen von Abenteuer und Entdeckung gefördert hat. Die Idee, eine Nachricht in eine Flasche zu stecken und sie ins Meer zu werfen, spricht tiefgreifende emotionale und existenzielle Themen an und hat die Fantasie der Menschen auf der ganzen Welt beflügelt.

Darüber hinaus hat die Flaschenpost auch eine gewisse mystische und mysteriöse Qualität, die sie zu einem faszinierenden Thema für Künstler und Kreative macht. Die Vorstellung von gestrandeten Flaschenposten, die an einsamen Stränden gefunden werden, oder von geheimnisvollen Botschaften, die über die Ozeane treiben, regt die Fantasie an und lädt zum Träumen ein.

Zusammenfassung:

Die Flaschenpost ist nicht nur eine einfache Form der Kommunikation, sondern auch ein kulturelles Phänomen, das seinen Weg in Filme, Bücher und Musik gefunden hat. Ihre Darstellung in verschiedenen Medien hat die Popkultur geprägt und romantische Vorstellungen von Abenteuer und Entdeckung gefördert. Durch ihre einzigartige Verbindung von Romantik, Mystik und Sehnsucht bleibt die Flaschenpost ein faszinierendes Thema, das die Fantasie der Menschen auf der ganzen Welt weiterhin beflügelt.

Ökologische Auswirkungen:
Die dunkle Seite der Flaschenpost

Die Flaschenpost, eine romantische und abenteuerliche Form der Kommunikation, hat eine dunkle Seite, die oft übersehen wird - ihre potenziellen Umweltauswirkungen.

In diesem Kapitel werden wir uns mit den ökologischen Auswirkungen von weggeworfenen Flaschen befassen und eine Diskussion über Nachhaltigkeit und Alternativen führen.

Umweltauswirkungen von weggeworfenen Flaschen

Obwohl die Flaschenpost oft als romantische Geste betrachtet wird, können die Flaschen, die ins Meer geworfen werden, erhebliche Auswirkungen auf die Umwelt haben. Plastikflaschen, die in den Ozeanen treiben, können marine Lebensräume verschmutzen, Meereslebewesen gefährden und langfristige ökologische Schäden verursachen.

Plastikflaschen können Jahrhunderte brauchen, um zu zerfallen, und während dieser Zeit können sie Giftstoffe freisetzen und die Wasserqualität beeinträchtigen. Darüber hinaus können Flaschen, die an Stränden angespült werden, die Ökosysteme der Küstenregionen stören und negative Auswirkungen auf die Tier- und Pflanzenwelt haben.

Diskussion über Nachhaltigkeit und Alternativen

Angesichts der potenziellen Umweltauswirkungen von weggeworfenen Flaschen ist es wichtig, über Nachhaltigkeit und Alternativen nachzudenken. Anstelle von Einwegplastikflaschen können umweltfreundlichere Materialien wie Glas oder wiederverwendbare Kunststoffe verwendet werden. Darüber hinaus sollten Menschen dazu ermutigt werden, ihre Flaschen zu recyceln oder ordnungsgemäß zu entsorgen, anstatt sie einfach wegzuwerfen.

Es gibt auch alternative Methoden der Nachrichtenübermittlung, die weniger schädlich für die Umwelt sind als die Flaschenpost. Digitale Kommunikationsmittel wie E-Mails, Textnachrichten und soziale Medien ermöglichen es den Menschen, schnell und effizient miteinander zu kommunizieren, ohne die Umwelt zu belasten.

Die Verantwortung jedes Einzelnen

Letztendlich liegt es an jedem Einzelnen, sich der ökologischen Auswirkungen von weggeworfenen Flaschen bewusst zu sein und Maßnahmen zu ergreifen, um die Umwelt zu schützen. Indem wir unsere Verwendung von Einwegplastik reduzieren, Flaschen recyceln und umweltfreundlichere Alternativen nutzen, können wir alle dazu beitragen, die Schönheit und Vielfalt unserer Ozeane zu bewahren.

In diesem Kapitel haben wir uns mit den ökologischen Auswirkungen von weggeworfenen Flaschen und einer Diskussion über Nachhaltigkeit und Alternativen befasst. Es ist wichtig, sich der dunklen Seite der Flaschenpost bewusst zu sein und gemeinsam Lösungen zu finden, um die Umwelt zu schützen und eine nachhaltigere Zukunft zu schaffen.

Moderne Flaschenpost:
Soziale Medien und virtuelle Botschaften

In einer Welt, die von digitaler Vernetzung und sofortiger Kommunikation geprägt ist, hat sich die traditionelle Flaschenpost mit modernen Kommunikationsformen wie sozialen Medien und virtuellen Botschaften weiterentwickelt.

In diesem Kapitel werden wir einen Vergleich zwischen der traditionellen Flaschenpost und modernen Kommunikationsformen ziehen und die Entstehung virtueller ›Flaschenpost‹ in sozialen Medien diskutieren.

Vergleich von traditioneller Flaschenpost und modernen Kommunikationsformen

Die traditionelle Flaschenpost war eine einfache und doch faszinierende Form der Kommunikation, bei der eine Nachricht in eine Flasche gesteckt und ins Meer geworfen wurde, um von einem zufälligen Finder entdeckt zu werden. Diese Form der Nachrichtenübermittlung war oft langsam und unzuverlässig, aber auch romantisch und abenteuerlich.

Im Vergleich dazu bieten moderne Kommunikationsformen wie E-Mails, Textnachrichten und soziale Medien eine schnelle und effiziente Möglichkeit, mit anderen in Kontakt zu treten.

Mit nur wenigen Klicks können wir Nachrichten an Freunde auf der ganzen Welt senden, Fotos und Videos teilen und in Echtzeit kommunizieren.

Virtuelle ›Flaschenpost‹ in sozialen Medien

Trotz der Bequemlichkeit und Geschwindigkeit moderner Kommunikationsformen hat sich die Faszination für die Flaschenpost in einer digitalen Welt nicht verloren. Tatsächlich haben soziale Medienplattformen wie Facebook, Instagram und Twitter neue Möglichkeiten geschaffen, virtuelle ›Flaschenpost‹ zu senden und zu empfangen.

Auf Plattformen wie Instagram können Benutzer ›Bilder in Flaschen werfen‹, indem sie Fotos oder Videos mit Hashtags und Standortmarkierungen versehen, die sie dann an entfernte Orte senden. Diese virtuellen ›Flaschen‹ können von anderen Benutzern gefunden werden, die sie entdecken und kommentieren können, ähnlich wie bei einer echten Flaschenpost.

Die Bedeutung von Tradition und Innovation

Während moderne Kommunikationsformen wie soziale Medien unsere Art zu kommunizieren grundlegend verändert haben, bleibt die traditionelle Flaschenpost ein faszinierendes und romantisches Symbol für Abenteuer und Entdeckung. Die Verbindung von Tradition und Innovation ermöglicht es uns, neue Wege zu finden, um uns miteinander zu verbinden und gleichzeitig die Faszination für alte Bräuche und Praktiken zu bewahren.

Zusammenfassung:

In diesem Kapitel haben wir einen Vergleich zwischen der traditionellen Flaschenpost und modernen Kommunikationsformen gezogen und die Entstehung virtueller ›Flaschenpost‹ in sozialen Medien diskutiert. Trotz der Fortschritte in der Technologie bleibt die Flaschenpost ein faszinierendes und inspirierendes Symbol für Abenteuer und Entdeckung, das uns daran erinnert, dass die schönsten Geschichten oft dort beginnen, wo die Landkarte endet.

Die Kunst der Botschaft:

Kreative Flaschenpost heute

Flaschenpost ist nicht nur eine einfache Form der Kommunikation, sondern auch eine Kunstform, die Kreativität und Ausdrucksmöglichkeiten bietet.

In diesem Kapitel werden wir uns mit Beispielen für kreative und ungewöhnliche Flaschenposten befassen und die Bedeutung von Kreativität in der Kommunikation untersuchen.

Beispiele für kreative und ungewöhnliche Flaschenposten

Kunstflaschenpost

Künstler auf der ganzen Welt nutzen Flaschenpost als Medium, um ihre Werke zu präsentieren. Von handgemalten Flaschen bis hin zu skulpturalen Installationen haben Künstler eine Vielzahl von kreativen Möglichkeiten gefunden, Flaschenpost zu gestalten und zu verschicken. Diese kunstvollen Flaschenposten sind nicht nur Botschaften, sondern auch Kunstwerke, die die Fantasie anregen und die Grenzen der traditionellen Kommunikation sprengen.

Themenbasierte Flaschenpost

Einige Menschen nutzen Flaschenpost, um Geschichten zu erzählen oder bestimmte Themen zu erkunden. Zum Beispiel könnten sie eine Flaschenpost mit einem bestimmten Thema wie Liebe, Abenteuer oder Hoffnung gestalten und verschicken. Diese themenbasierten Flaschenposten sind oft kunstvoll gestaltet und enthalten persönliche Nachrichten, Gedichte oder Bilder, die das Thema illustrieren.

Interaktive Flaschenpost

Manche Flaschenposten sind interaktiv und ermutigen den Finder, an der Nachricht teilzunehmen oder zu reagieren. Zum Beispiel könnten sie eine Flaschenpost mit einem Rätsel oder einer Aufgabe versehen, die der Finder lösen muss, bevor er die Nachricht lesen kann. Diese interaktiven Flaschenposten fördern die Teilnahme und Interaktion und machen die Erfahrung des Findens noch spannender.

Umweltfreundliche Flaschenpost

Angesichts der Bedenken bezüglich der Umweltauswirkungen von Plastikflaschen suchen einige Menschen nach umweltfreundlicheren Alternativen für ihre Flaschenposten. Sie könnten zum Beispiel Flaschen aus recyceltem Glas verwenden oder natürliche Materialien wie Holz und Kork verwenden, um ihre Flaschenpost zu gestalten. Diese umweltfreundlichen Flaschenposten zeigen ein Bewusstsein für die Umwelt und tragen dazu bei, die Schönheit unserer Ozeane zu bewahren.

Die Bedeutung von Kreativität in der Kommunikation

Kreativität spielt eine wichtige Rolle in der Kommunikation, da sie es uns ermöglicht, unsere Gedanken, Gefühle und Ideen auf einzigartige und originelle Weise auszudrücken. Durch kreative Flaschenposten können wir nicht nur unsere Botschaften auf eine persönliche und einprägsame Weise vermitteln, sondern auch eine Verbindung zu anderen Menschen herstellen und ihre Fantasie anregen.

Kreativität in der Kommunikation ermöglicht es uns auch, über die Grenzen der traditionellen Sprache hinauszugehen und neue Formen der Ausdrucksweise zu erforschen. Indem wir kreative Flaschenposten gestalten und verschicken, können wir unsere Fantasie und Vorstellungskraft nutzen, um einzigartige und unvergessliche Botschaften zu kreieren.

Zusammenfassung:

In diesem Kapitel haben wir uns mit Beispielen für kreative und ungewöhnliche Flaschenposten beschäftigt und die Bedeutung von Kreativität in der Kommunikation untersucht. Flaschenpost ist nicht nur eine einfache Form der Nachrichtenübermittlung, sondern auch eine Kunstform, die uns ermutigt, unsere Gedanken und Gefühle auf eine persönliche und einzigartige Weise auszudrücken. Durch kreative Flaschenposten können wir nicht nur unsere Botschaften vermitteln, sondern auch eine Verbindung zu anderen Menschen herstellen und die Welt um uns herum auf eine neue und inspirierende Weise erleben.

Geheimnisse und Mysterien:

Ungelöste Fälle von Flaschenpost

Flaschenposten haben eine lange Geschichte voller Geheimnisse und ungelöster Rätsel. In diesem Kapitel werden wir uns mit einigen Geschichten von ungelösten oder rätselhaften Flaschenpostfunden befassen und die Anziehungskraft von ungeklärten Mysterien untersuchen.

Die geheimnisvolle Botschaft aus der Vergangenheit

Einige der faszinierendsten Geschichten von Flaschenposten stammen aus vergangenen Jahrhunderten, als Menschen Botschaften in die Ozeane warfen, in der Hoffnung, von einem entfernten Empfänger gefunden zu werden. Einige dieser Flaschen wurden jahrzehntelang oder sogar noch länger im Meer getragen, bevor sie schließlich an Land gespült wurden, oft mit Nachrichten, die so alt waren wie die Flaschen selbst.

Ein bemerkenswerter Fall ereignete sich im Jahr 2012, als eine Flaschenpost aus dem Jahr 1914 an einem Strand in Schottland gefunden wurde. Die Botschaft, die in der Flasche enthalten war, war von einem deutschen Matrosen geschrieben worden, der im Ersten Weltkrieg auf einem deutschen U-Boot diente. Die Flaschenpost enthielt eine kurze Nachricht sowie die Koordinaten des Ortes, an dem sie abgeworfen worden war, und gab Einblick in das Leben und die Gedanken eines Mannes, der vor fast einem Jahrhundert gelebt hatte.

Die rätselhafte Reise einer Flaschenpost

Ein weiterer faszinierender Fall ist die Geschichte einer Flaschenpost, die von einem Mann namens George Parker Bidder im Jahr 1906 abgeworfen wurde und fast 108 Jahre später gefunden wurde. Die Flasche wurde im Jahr 2014 an einem Strand in Deutschland entdeckt und enthielt eine Nachricht, die von Bidder selbst verfasst worden war, sowie eine Anfrage an den Finder, ihn über den Fund zu informieren.

Die rätselhafte Reise dieser Flaschenpost, die über ein Jahrhundert dauerte und Tausende von Kilometern zurücklegte, bevor sie schließlich gefunden wurde, faszinierte die Menschen auf der ganzen Welt und führte zu Spekulationen über die Umstände, die zu ihrer Entdeckung geführt hatten.

Die Anziehungskraft von ungeklärten Mysterien

Geschichten von ungelösten oder rätselhaften Flaschenpostfunden üben eine besondere Anziehungskraft auf die menschliche Vorstellungskraft aus, da sie Fragen nach dem Schicksal der Absender und Empfänger aufwerfen und uns dazu bringen, über die Grenzen der Zeit und des Raums nachzudenken. Diese ungeklärten Mysterien regen unsere Fantasie an und lassen uns über die Geheimnisse der Ozeane und die unergründlichen Wege der Welt nachdenken.

Zusammenfassung:

In diesem Kapitel haben wir uns mit einigen Geschichten von ungelösten oder rätselhaften Flaschenpostfunden befasst und die Anziehungskraft von ungeklärten Mysterien untersucht. Flaschenposten haben eine lange Geschichte voller Geheimnisse und ungelöster Rätsel, die uns dazu bringen, über die Wunder und Mysterien der Welt nachzudenken und uns daran zu erinnern, dass die Ozeane noch viele Geheimnisse bergen, die darauf warten, entdeckt zu werden.

Die digitale Ära:

Zukunftsperspektiven für die Flaschenpost

In einer zunehmend digitalen Welt verändert sich auch die Art und Weise, wie wir kommunizieren, einschließlich der traditionellen Praktik der Flaschenpost.

In diesem Kapitel werden wir uns mit der Zukunft der Flaschenpost in der digitalen Ära befassen und mögliche Entwicklungen untersuchen.

Virtuelle Flaschenpost:

Eine neue Dimension der Kommunikation

Mit dem Aufkommen des Internets und sozialer Medien haben sich neue Möglichkeiten für die Flaschenpost eröffnet. Virtuelle Flaschenposten sind eine moderne Interpretation der traditionellen Praxis und ermöglichen es den Menschen, Nachrichten und Botschaften online zu teilen und zu verbreiten. Plattformen wie ›Message in a Bottle‹ oder "Virtual Bottles" bieten Nutzern die Möglichkeit, digitale Flaschenposten zu erstellen, zu verschicken und zu empfangen, wodurch die Grenzen zwischen physischen und virtuellen Welten verwischt werden.

Mögliche Entwicklungen in der Zukunft:

• Erweiterte Virtual-Reality-Erfahrungen

Mit der Weiterentwicklung von Virtual-Reality-Technologien könnten virtuelle Flaschenposten noch immersiver werden. Nutzer können in der Lage sein, interaktive Flaschenposten in einer virtuellen Umgebung zu erleben, die es ihnen ermöglicht, die Nachrichten zu erkunden und mit ihnen zu interagieren, als wären sie physisch präsent.

• Blockchain-Technologie für Sicherheit und Authentifizierung

Die Verwendung von Blockchain-Technologie könnte die Sicherheit und Authentifizierung von virtuellen Flaschenposten verbessern, indem sie die Integrität der Nachrichten gewährleistet und sicherstellt, dass sie nicht manipuliert werden können. Dadurch könnten virtuelle Flaschenposten als sicheres und vertrauenswürdiges Kommunikationsmittel dienen.

• Integration von KI und maschinellem Lernen

Künstliche Intelligenz und maschinelles Lernen könnten genutzt werden, um personalisierte und relevante virtuelle Flaschenposten für die Nutzer zu erstellen. Durch die Analyse von Benutzerdaten und Vorlieben könnte die Technologie automatisch Nachrichten generieren, die auf die individuellen Interessen und Bedürfnisse zugeschnitten sind.

• Erweiterte Konnektivität und Globalisierung

Mit der zunehmenden Konnektivität und Globalisierung könnten virtuelle Flaschenposten eine noch breitere Reichweite und Einfluss haben. Menschen aus verschiedenen Teilen der Welt könnten miteinander kommunizieren und Ideen austauschen, wodurch neue Formen der Zusammenarbeit und kulturellen Austauschs entstehen könnten.

Die Bedeutung von Tradition und Innovation

Obwohl sich die Art und Weise, wie wir kommunizieren, weiterentwickelt, bleibt die Faszination für die Flaschenpost bestehen. Tradition und Innovation verschmelzen, um neue Formen der Kommunikation zu schaffen, die unsere Vorstellungskraft anregen und uns dazu bringen, die Grenzen des Möglichen zu überschreiten. In einer digitalen Ära, die von schnellen Veränderungen und technologischem Fortschritt geprägt ist, bietet die Flaschenpost eine Verbindung zur Vergangenheit und eine Inspiration für die Zukunft.

Zusammenfassung:

In diesem Kapitel haben wir uns mit der Zukunft der Flaschenpost in der digitalen Ära befasst und mögliche Entwicklungen untersucht. Virtuelle Flaschenposten eröffnen neue Möglichkeiten für Kommunikation und Interaktion in einer zunehmend digitalen Welt und zeigen, wie Tradition und Innovation miteinander verschmelzen, um neue Formen der Kommunikation zu schaffen.

Durch die Integration von Technologie und Kreativität können virtuelle Flaschenposten eine noch breitere Reichweite und Einfluss haben und uns dabei helfen, die Grenzen des Möglichen zu erkunden und die Zukunft der Kommunikation zu gestalten.

Soziale Aspekte:

Die Verbindung durch Flaschenpost

Flaschenposten sind nicht nur einfache Nachrichten, sondern können auch starke emotionale Verbindungen zwischen Absender und Empfänger schaffen.

In diesem Kapitel werden wir uns mit Beispielen für emotionale Verbindungen durch Flaschenpost befassen und die Bedeutung persönlicher Botschaften untersuchen.

Die Magie persönlicher Botschaften:

Eine der wichtigsten Eigenschaften von Flaschenposten ist die persönliche Note, die sie tragen. Im Gegensatz zu standardisierten Textnachrichten oder E-Mails ermöglicht die Flaschenpost es den Absendern, ihre Botschaften auf individuelle und kreative Weise zu gestalten. Von handgeschriebenen Briefen bis hin zu kunstvoll gestalteten Nachrichten können Flaschenposten eine persönliche Note tragen, die den Empfänger berührt und eine emotionale Verbindung herstellt.

Beispiele für emotionale Verbindungen durch Flaschen-post:

• Liebesbotschaften

Flaschenposten werden oft als Mittel der Romantik genutzt, um Liebeserklärungen oder Liebesbriefe zu übermitteln. Die Vorstellung, eine Flaschenpost mit einer persönlichen Liebes-botschaft am Strand zu finden, kann romantische Gefühle her-vorrufen und eine besondere Verbindung zwischen Absender und Empfänger schaffen.

• Familienkommunikation

Flaschenposten können auch dazu dienen, die Verbindung zwischen Familienmitgliedern aufrechtzuerhalten, insbesondere wenn sie getrennt leben oder weit voneinander entfernt sind. Durch den Austausch von handgeschriebenen Briefen oder Bildern können Familienmitglieder ihre Liebe und Zuneigung zueinander ausdrücken und eine emotionale Verbindung auf-rechterhalten.

• Freundschaftsbotschaften

Freunde können Flaschenposten nutzen, um ihre Freund-schaft zu feiern und besondere Momente miteinander zu teilen. Von kleinen Überraschungen bis hin zu herzlichen Botschaften können Flaschenposten eine Möglichkeit sein, Freundschaften zu stärken und die Verbundenheit zwischen Freunden zu ver-tiefen.

• Erinnerungen und Erlebnisse

Flaschenposten können auch dazu dienen, besondere Erinnerungen und Erlebnisse festzuhalten und zu teilen. Zum Beispiel könnten Menschen Flaschenposten nutzen, um über Reisen, Abenteuer oder besondere Ereignisse zu berichten und ihre Eindrücke und Emotionen mit anderen zu teilen.

Die Bedeutung persönlicher Botschaften:

Persönliche Botschaften spielen eine wichtige Rolle in der Kommunikation, da sie es den Menschen ermöglichen, ihre Gedanken, Gefühle und Emotionen auf eine authentische und einfühlsame Weise auszudrücken. Durch persönliche Botschaften können wir Verbindungen zu anderen aufbauen und Beziehungen stärken, indem wir uns gegenseitig unterstützen, ermutigen und verstehen.

Zusammenfassung:

In diesem Kapitel haben wir uns mit Beispielen für emotionale Verbindungen durch Flaschenpost befasst und die Bedeutung persönlicher Botschaften untersucht. Flaschenposten können starke emotionale Verbindungen zwischen Absender und Empfänger schaffen, indem sie persönliche Botschaften und Gesten der Zuneigung und Verbundenheit übermitteln. Durch die Kraft der persönlichen Kommunikation können Flaschenposten Beziehungen stärken und die Verbundenheit zwischen Menschen vertiefen, indem sie Gefühle ausdrücken und Emotionen teilen.

Globalisierung:

Flaschenpost als kulturelles Phänomen

Flaschenposten sind nicht nur eine isolierte Tradition, sondern ein faszinierendes kulturelles Phänomen, das sich über verschiedene Länder und Kontinente hinweg verbreitet hat.

In diesem Kapitel werden wir uns mit der Verbreitung von Flaschenpostpraktiken in verschiedenen Kulturen und den globalisierten Aspekten von Flaschenpost befassen.

Flaschenpost in verschiedenen Kulturen:

Die Praxis der Flaschenpost findet sich in verschiedenen Kulturen auf der ganzen Welt wieder, oft mit unterschiedlichen Traditionen und Bedeutungen. In einigen Kulturen wird die Flaschenpost als romantische Geste betrachtet, während sie in anderen als Mittel der Kommunikation oder sogar als künstlerischer Ausdruck angesehen wird.

Beispiele für Flaschenpostpraktiken in verschiedenen Kulturen:

• Japan: Die Kunst der ›Takashimaru‹

In Japan gibt es eine lange Tradition der Flaschenpost, die als "Takashimaru" bekannt ist. Diese Tradition stammt aus der Edo-Zeit und beinhaltet das Versenden von Flaschen mit Gedichten oder kurzen Nachrichten auf das Meer hinaus. Die Takashimaru-Flaschen sind oft kunstvoll gestaltet und werden als Ausdruck der Poesie und Ästhetik betrachtet.

• Norwegen - Die ›Flaskposten‹ der Fischer

In den norwegischen Küstengemeinden haben Fischer eine lange Tradition, Flaschenposten mit Nachrichten über das Meer zu verschicken. Diese Flaschenposten werden oft verwendet, um Informationen über Fischereibedingungen, Wetterbedingungen oder persönliche Grüße auszutauschen und dienen als wichtige Verbindung zwischen den Küstengemeinden.

• Hawaii: Die "Ho'omalama" Tradition

In Hawaii gibt es eine alte Tradition namens "Ho'omalama", bei der Flaschenposten mit Botschaften oder Gebeten ins Meer geworfen werden. Diese Flaschenposten werden oft verwendet, um Wünsche oder Dankbarkeit auszudrücken und werden als spirituelle Praxis betrachtet, um Verbindung zur Natur und zum Ozean herzustellen.

Globalisierte Aspekte von Flaschenpost

Die zunehmende Globalisierung hat dazu geführt, dass Flaschenpostpraktiken über kulturelle Grenzen hinweg verbreitet wurden und neue Formen der Kommunikation und des Austauschs ermöglichen. Durch das Internet und soziale Medien können Menschen aus verschiedenen Teilen der Welt miteinander kommunizieren und Ideen austauschen, was zu einer globalisierten Perspektive auf die Flaschenpost führt.

Die Bedeutung des kulturellen Austauschs

Der kulturelle Austausch durch Flaschenposten trägt zur Vielfalt und Bereicherung der menschlichen Erfahrungen bei, indem er den Menschen ermöglicht, sich mit anderen Kulturen und Traditionen zu verbinden und gegenseitiges Verständnis und Respekt zu fördern. Flaschenposten dienen als Brücke zwischen den Kulturen und eröffnen Möglichkeiten für interkulturellen Austausch und Zusammenarbeit.

Zusammenfassung:

In diesem Kapitel haben wir uns mit der Verbreitung von Flaschenpostpraktiken in verschiedenen Kulturen und den globalisierten Aspekten von Flaschenpost befasst. Flaschenposten sind ein faszinierendes kulturelles Phänomen, das Menschen aus verschiedenen Teilen der Welt miteinander verbindet und Möglichkeiten für kulturellen Austausch und Zusammenarbeit bietet. Durch die Vielfalt der Flaschenpostpraktiken können wir die reiche kulturelle Vielfalt unserer Welt erkunden und schätzen lernen.

Die Wissenschaft hinter der Flaschenpost: Aktuelle Forschung

Die Forschung im Bereich der Ozeanographie und Strömungsforschung hat in den letzten Jahrzehnten bedeutende Fortschritte gemacht, die es ermöglichen, die Bewegung von Flaschenposten genauer zu verstehen.

In diesem Kapitel werden wir uns mit den wissenschaftlichen Erkenntnissen über die Bewegung von Flaschenposten befassen und die Fortschritte in der Erforschung der Ozeanströmungen untersuchen.

Die Herausforderung der Ozeanströmungen

Die Bewegung von Flaschenposten auf dem offenen Meer wird von einer Vielzahl von Faktoren beeinflusst, darunter Wind, Gezeiten, Meeresströmungen und sogar Wirbel. Die komplexen Interaktionen zwischen diesen Faktoren machen es schwierig, die genaue Route und Geschwindigkeit von Flaschenposten vorherzusagen und zu verfolgen.

Fortgeschrittene Technologien zur Verfolgung von Flaschenposten

In den letzten Jahren wurden fortschrittliche Technologien wie Satelliten-Tracking, GPS und Datenlogger entwickelt, die es Forschern ermöglichen, Flaschenposten genauer zu verfolgen und ihre Bewegungsmuster zu analysieren. Diese Technologien haben es Forschern ermöglicht, neue Erkenntnisse über die Bewegung von Flaschenposten zu gewinnen und die Dynamik der Ozeanströmungen besser zu verstehen.

Erkenntnisse aus der Forschung:

• Langstreckenreisen von Flaschenposten

Studien haben gezeigt, dass Flaschenposten erstaunlich lange Strecken zurücklegen können, manchmal Tausende von Kilometern über den Ozean. Dies deutet darauf hin, dass Flaschenposten von globalen Meeresströmungen transportiert werden und möglicherweise auf entfernten Kontinenten oder Inseln landen können.

• Einfluss von Wirbeln und Strömungsgradienten

Forschungen haben gezeigt, dass Wirbel und Strömungsgradienten einen erheblichen Einfluss auf die Bewegung von Flaschenposten haben können, indem sie sie entweder beschleunigen oder verlangsamen und sie in unvorhersehbare Richtungen lenken. Dies macht die Vorhersage der Route von Flaschenposten besonders herausfordernd.

• Umweltauswirkungen und Müllstrudel

Studien haben auch gezeigt, dass Flaschenposten eine Umweltbelastung darstellen können, insbesondere wenn sie in großen Mengen im Meer landen und zu Müllstrudeln beitragen. Dies unterstreicht die Notwendigkeit, die Auswirkungen von Flaschenposten auf die Umwelt zu untersuchen und nachhaltige Alternativen zu entwickeln.

Die Bedeutung der Forschung für die Zukunft der Flaschenpost

Die Forschung im Bereich der Ozeanographie und Strömungsforschung spielt eine entscheidende Rolle für das Verständnis und die Zukunft der Flaschenpost. Indem sie uns hilft, die Bewegung von Flaschenposten genauer zu verstehen, können wir besser vorhersagen, wohin sie reisen und wie lange sie unterwegs sind. Dies kann nicht nur dazu beitragen, verlorene Flaschenposten zu finden, sondern auch die Umweltauswirkungen von Flaschenposten zu minimieren und nachhaltige Lösungen für die Kommunikation über Ozeane hinweg zu entwickeln.

Zusammenfassung:

In diesem Kapitel haben wir uns mit den Fortschritten in der Ozeanographie und Strömungsforschung und ihren Auswirkungen auf die Bewegung von Flaschenposten befasst. Durch die Fortschritte in der Technologie und Forschung sind wir besser in der Lage, die komplexen Mechanismen der Ozeanströmungen zu verstehen und die Zukunft der Flaschenpost zu gestalten. Die Forschung spielt eine entscheidende Rolle für die Entwicklung nachhaltiger Kommunikationslösungen über die Ozeane hinweg und trägt dazu bei, die Verbindung zwischen den Menschen auf globaler Ebene zu stärken.

Ergebnis:

Die fortwährende Reise der Flaschenpost

Die Geschichte der Flaschenpost ist eine faszinierende Reise durch die Zeiten, die uns nicht nur Einblicke in die menschliche Kommunikation bietet, sondern auch die Verbindung zwischen den Menschen über große Distanzen hinweg illustriert.

In diesem abschließenden Kapitel werden wir die historische Entwicklung der Flaschenpost zusammenfassen und über ihre Bedeutung in der heutigen Zeit reflektieren.

Die historische Entwicklung der Flaschenpost:

Die Geschichte der Flaschenpost reicht Jahrhunderte zurück und umfasst eine Vielzahl von Kulturen und Zivilisationen. Von den antiken griechischen Philosophen, die Botschaften in Flaschen auf das Meer warfen, bis hin zu den Seefahrern des 18. Jahrhunderts, die Flaschenposten nutzten, um nach Hilfe zu rufen, haben Menschen auf der ganzen Welt die Flaschenpost als Mittel der Kommunikation und Verbindung genutzt.

Im Laufe der Geschichte hat sich die Bedeutung der Flaschenpost verändert, von praktischen Botschaften und Notrufen bis hin zu romantischen Gesten und künstlerischen Ausdrücken. Trotz der Fortschritte in der Technologie und der

Einführung moderner Kommunikationsmittel hat die Flaschenpost ihren Platz als symbolische Form der Kommunikation behalten und fasziniert weiterhin Menschen auf der ganzen Welt.

Reflexion über die Bedeutung von Flaschenpost in der heutigen Zeit:

In der heutigen hoch technologisierten Welt mag die Flaschenpost auf den ersten Blick wie ein überholtes Kommunikationsmittel erscheinen. Doch bei genauerer Betrachtung wird deutlich, dass die Flaschenpost nach wie vor eine wichtige Rolle spielt, sowohl als romantische Geste als auch als wissenschaftliches Werkzeug.

In einer Zeit, in der die Welt immer vernetzter wird und sich die Menschen zunehmend auf digitale Kommunikationsmittel verlassen, kann die Flaschenpost als Symbol für die Sehnsucht nach persönlicher Verbindung und Authentizität dienen. Die Vorstellung, eine Flaschenpost zu finden und die darin enthaltene Botschaft zu lesen, kann eine tiefe emotionale Resonanz hervorrufen und Erinnerungen an vergangene Zeiten wecken.

Darüber hinaus hat die Flaschenpost auch eine wichtige Rolle in der wissenschaftlichen Forschung gespielt, insbesondere in der Ozeanographie und Strömungsforschung. Durch die Analyse von Flaschenposten konnten Forscher neue Erkenntnisse über die Bewegung von Ozeanströmungen gewinnen und die Dynamik der Meere besser verstehen.

Die fortwährende Reise der Flaschenpost:

Die Flaschenpost hat eine lange und abwechslungsreiche Geschichte hinter sich und ihre Reise ist noch lange nicht zu Ende. Auch in Zukunft wird die Flaschenpost weiterhin eine Rolle spielen, sei es als romantische Geste, wissenschaftliches Instrument oder symbolische Form der Kommunikation.

Die Flaschenpost erinnert uns daran, dass die einfachsten Formen der Kommunikation oft die bedeutendsten sind und dass die Verbindung zwischen den Menschen über alle Grenzen hinweg bestehen kann. Ihre fortwährende Reise durch die Zeiten ist ein Zeugnis für die Menschheit und ihre unermüdliche Sehnsucht nach Verbindung und Verständnis.

Über den Autor

Lutz Spilker wurde im Jahre 1955 in Duisburg geboren.

Bevor er zum Schreiben von Romanen und Dokumentationen fand, verließen bisher unzählige Kurzgeschichten, Kolumnen und Versdichtungen seine Feder.

In seinen Büchern befasst er sich vorrangig mit dem menschlichen Bewusstsein und der damit verbundenen Wahrnehmung. Seine Grenzen sind nicht die, welche mit der Endlichkeit des Denkens, des Handelns und des Lebens begrenzt werden, sondern jene, die der empirischen Denkform noch nicht unterliegen.

Es sind die Möglichkeiten des Machbaren, die Dinge, welche sich allein in der Vorstellung eines jeden Menschen darstellen und aufgrund der Flüchtigkeit des Geistes unbewiesen bleiben. Die Erkenntnis besitzt ihre Gültigkeit lediglich bis zur Erlangung einer neuen und die passiert zu jeder weiteren Sekunde.

Die Welt von Lutz Spilker beginnt dort, wo zu Beginn allen Seins nichts Fassbares war, als leerer Raum. Kein Vorne, kein Hinten, kein Oben und kein Unten. Kein Glaube, kein Wissen, keine Moral, keine Gesetze und keine Grenzen. Nichts.

In Lutz Spilkers Romanen passieren heimtückische Morde ebenso wie die Zauber eines Märchens. Seine Bücher sind oftmals Thriller, Krimi, Abenteuer, Science Fiction, Fantasy und selbst Love-Story in einem.

»Ich liebe die Sprache: Sie vermag zu streicheln, zu liebkosen und zu Tränen zu rühren. Doch sie kann ebenso stachelig sein, wie der Dorn einer Rose und mit nur einem Hieb zerschmettern.«

In dieser Reihe sind bisher erschienen

Die Erfindung der Musik
Die Erfindung der Wiedergeburt
Die Erfindung des Zufalls
Die Erfindung der Namen
Die Erfindung des Bewusstseins
Die Erfindung des freien Willens
Die Erfindung des Wahrsagens
Die Erfindung der Körpersprache
Die Erfindung des Schlafs
Die Erfindung der Sklaverei
Die Erfindung der Angst
Die Erfindung der Vernunft
Die Erfindung des Vollmonds
Die Erfindung des Vitamin B
Die Erfindung des Make-Up
Die Erfindung des Weihnachtsfestes
Die Erfindung des Ku-Klux-Klan
Die Erfindung des Träumens
Die Erfindung der Flaschenpost
Die Erfindung der Mafia
Die Erfindung der Freimaurer
Die Erfindung der Freibeuter
Die Erfindung der Raumfahrt
Die Erfindung der Tempelritter
Die Erfindung des ADHS-Syndroms
Die Erfindung der Homöopathie
Die Erfindung der Freizeitparks
Die Erfindung des Werwolfs
Die Erfindung des Astralkörpers
Die Erfindung des Zölibats
Die Erfindung des Herkules

Zeitfracht Medien GmbH
Ferdinand-Jühlke-Straße 7
99095 Erfurt, Deutschland
produktsicherheit@kolibri360.de